今日から読める

오늘부터 읽을 수 있는 한국어

韓国語

MEMOランダム 編

三修社

は・じ・め・に

「ハングルはどんな文字？」
「どうやって読むの？」という疑問が
「ナルホド、すっきり合点！」します。

韓国語の文字（ハングル）は、ただ眺めているだけではとても複雑に感じますが、一つひとつの文字がどのような記号の組み合わせなのかがわかると、「読む」ことができるようになります。

ハングルは、日本語の「かな」と同じように、音を表す文字を使います。例えば、「さ」は1字1音で使われていますが、ハングルはローマ字のように母音と子音に分かれていて、それが組み合わさって1字になっています。例えば ㅅ ＝ s , ㅣ ＝ i と置きかえて覚えればスッキリします。（上のハングルは［シンムン］と読み、「新聞」の意味です）

◆5日でハングルが読めるようになる！

本書では、1日目に「ハングルを読むために必要なポイント」を具体例でわかりやすく学びます。そして、2日目、3日目…と、図解解説と「読み・書き」のくり返し練習で、楽しみながらどんなハングルも読める力をつけていきます。最終日の5日目で、メニューや街角の看板のハングルがスッキリ読める力をつけます。

ハングルが読めれば、韓国旅行も数段楽しくなります。
さらに、あなたがハングルが読めるということで、それを話題に韓国の方とお友達になるきっかけも、ぐ～んと多くなりますね。
さぁ、今日からハングルを読んでみませんか!!

目次

第1日

これだけ学べばハングルが読めるようになる！【そのポイント】················9

■ポイント1■ --10
◆ハングルが読めると韓国語がとっても面白くなる！
- 記号の組み合わせがわかるとすぐ読めるハングル
- 図説ハングル早わかり［「冬のソナタ」の原題のハングルが読めるようになる！］

■ポイント2■ --12
◆ハングルはローマ字のように音を表す文字
- ハングルは発音記号の組み合わせが文字になった！
- 図説ハングル早わかり［ハングルはローマ字を読むように読めば大丈夫］

■ポイント3■ --14
◆ハングルの文字を作るための基本部品は24個だけ！
- ハングルはローマ字のように母音と子音の組み合わせ！
- 図説ハングル早わかり［基本の子音／基本の母音］

■ポイント4■ --16
◆まず、ハングルの基本の4つの組み合わせを覚える
- 「南大門市場」のハングルはどんな組み合わせ？
- 図説ハングル早わかり［組み立て方の基本は4つのパターン］

■ポイント5 ■------18
　◆ハングルは1文字を一息で発音する
　　●「コムタン」は「コㇺタン」
　　●図説ハングル早わかり
　　●ハングルを読むポイントを図解すると------20

第2日

ハングルの基本を「読み・書き」でスッキリ覚える------21

■まず6個の基本母音を形の類似と違いに注意して覚える------22
　　●[ウ]ㅜ,ㅡ が2つ、[オ]ㅓ,ㅗ が2つ
　　●図説ハングル早わかり[似た形の違いで覚える!]

■基本の母音の発音(1)------24
　　●似た音を形の違いでチェックしてみましょう!

■さらにㅏ,ㅓ,ㅗ,ㅜに棒線を1本加えた4個の母音を覚える------28
　　●棒線を1本加えた基本母音
　　●図説ハングル早わかり

■基本の母音の発音(2)------30

■基本母音をスッキリ整理しましょう!------32
　　●似た音の発音の違いをチェック!
　　●口(唇)の形のまとまりでチェック!

■基本母音10個を書きながら覚えよう！--------------------------------34
　　●書き方の練習をしてみましょう！

■まず、10の子音をスラスラ読めるようにする！------------------38
　　●図説ハングル早わかり［基本子音字は 「カナタラ
　　　マパサアチャハ」と唱えましょう！］

■基本子音の発音---40
　　●ハングルの子音に慣れましょう！使われている単語-------45

■基本子音10個を書きながら覚えよう！--------------------------------46
　　●書き方の練習をしてみましょう！

　　●韓国語の語順は日本語とほとんど同じ-------------------------50

第3日

ここがつまずきやすい！一気に・スッキリとマスターする！------------------------------------51

■基本母音にさらに組み合わせて11個の音を作る-------------52
　　●このハングルの読みでつまずいてしまう人が多い！
　　●図説ハングル早わかり

■合成母音の発音---54

■練習問題にトライ！--60

■基本母音を組み合わせた11個を書きながら覚えよう！-----62
　●書き方の練習をしてみましょう！

■発音の強弱で文字が違う子音字を9つ覚える-----66
　●激しい音［激音］／つまった音［濃音］
　●図説ハングル早わかり

■激音と濃音の発音のポイントを押さえる！-----68

■激音と濃音を書きながら覚えよう！-----70
　●書き方の練習をしてみましょう！

■書きながらハングルの読みを総整理してみましょう！-----74

■語中で濁音になるㄱ，ㄷ，ㅂ，ㅈ-----76
　●ㄱ，ㄷ，ㅂ，ㅈ以外は濁音にならない！

■文字の構成　［6パターンを押さえよう！］-----78

■自分の名前をハングルで書いてみよう！-----80

■ハングルでいろいろ書いてみましょう！-----82

　●【ハングル表】-----84

第4日
基本と日常用語のハングルが読めるようになる！------85

- ■ Q. ハングルを読んでみましょう！------86
- ■ パッチムの発音をまとめてスッキリ覚える------90
    - ● パッチムの発音は7つの音にまとめられる
    - ● 図説ハングル早わかり［パッチムを例文でチェックしましょう！］
- ■ 日本語の読み方にそっくりの漢字言葉を読んでみましょう！-92
    - ● 日本語の読み方にそっくりの漢字のハングル読み
    - ● 図説ハングル早わかり［韓国では、漢字の読みは一つが基本］
- ■ 練習問題にトライ！------94
- ■ ［漢数詞］を読む------96
- ■ ［固有数詞］を読む------98
- ■ ［月］を読む------100
- ■ ［曜日］［季節］を読む------102
- ■ 日付けや時刻などの数字を読んでみましょう！------104

■音の変化・ハングルを読む上でのルール ------106
　●「ウムアㇰ」が「ウマㇰ」に！
　●図説ハングル早わかり［パッチムの後続の母音はパッチムと一緒に発音する］

■「冬のソナタ」とその俳優の名前を読んでみよう！ ------108

　●あなたの星座のハングルが読めますか？ ------110

第5日

看板やメニューなどのハングルをどんどん読んでみる！ ------111

■あなたの干支をハングルで読めますか？ ------112

■韓国料理の「メニュー」を読んでみましょう！ ------114

■韓国料理の「材料」などを読んでみましょう！ ------116

■飲み物などのハングルを読んでみましょう！ ------118

■韓国の町中で見かけるハングルを読んでみましょう【1】------120

■韓国の町中で見かけるハングルを読んでみましょう【2】------122

■韓国の地名をハングルで読んでみましょう！ ------124

■短いハングルの文をスラスラ読んでみましょう！ ------126

第1日

これだけ学べば
ハングルが
読めるようになる！

［そのポイント］

ポイント 1

●ハングルはどうやって読むの？

ハングルが読めると韓国語がとっても面白くなる！

このポイントをきちんと！

◆**言葉の音を書き表わすハングル**

ハングルは15世紀中ごろ（朝鮮王朝第4代の世宗大王によって制定）に、自分たちの言葉の音を正確に書き表すように作られたものです。

一つひとつの文字がどのような記号の組み合わせなのかがわかると、「読む」ことができるようになります。

◆**記号の組み合わせがわかるとすぐ読めるハングル**

韓国語の文字は、ただ眺めているだけではとても複雑に感じますが、**一つひとつの文字がどのような記号の組み合わせなのかがわかると、「読む」ことができる**ようになります。

例えば、右頁【3】の하は、次のように組み合わされています。

하 ［ = ㅎ + ㅏ の組み合わせ ］

ㅎ = h, ㅏ = a と置き換えれば、「ha の組み合わせがそのまま文字になった」ということがわかりますね。

・・・図説ハングル早わかり・・・

◆「冬のソナタ」の原題のハングルが読めるようになる！

Q. 【1】の 겨울연가 は韓国の人気ドラマ「冬のソナタ」の原題です。では、【2】、【3】、【4】の俳優（女優）名は？

【1】 겨울연가

【2】 배용준

【3】 박용하

【4】 최지우

ポイント 2 ●ハングルはどうやって読むの？

ハングルはローマ字のように音を表す文字

このポイントをきちんと！

韓国語の文字のハングルは「言葉の音を正確に書き表すように作られた」ということを例でみてみましょう。

ローマ字で「カ」という音を表すには、アルファベットのkとaをkaと組み合わせるように、韓国語もㄱとㅏというハングルのアルファベットを가と組み合わせて「カ」という音を表します。

◆ハングルは発音記号の組み合わせが文字になった！

ハングルは「発音記号の組み合わせがそのまま文字になった」、とっても規則的で合理的な言葉です。ローマ字音が子音と母音で構成されているように、ハングルも子音と母音に分かれていて、実際に使う時にはそれが組み合わさって音と意味を作ります。

「かな」	か
「ローマ字」	k + a = ka
「ハングル」	ㄱ + ㅏ = 가

2, 3 日目でマスター！

・・・図説ハングル早わかり・・・

◆ハングルはローマ字を読むように読めば大丈夫

【1】「母」のことを韓国語では［オモニ］と言い、ローマ字では omoni で、ハングルで書くと次のようになります。

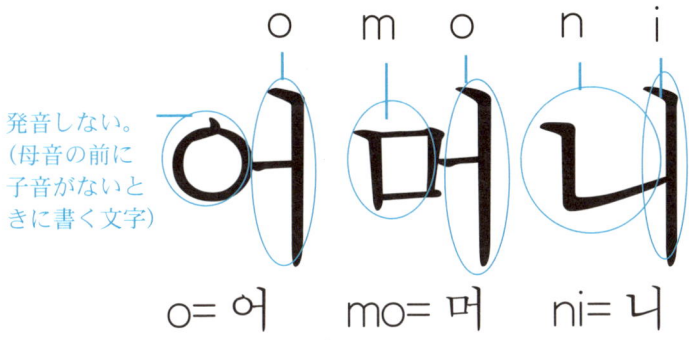

発音しない。（母音の前に子音がないときに書く文字）

o= 어　　mo= 머　　ni= 니

【2】「都市」のことを韓国語でも［トシ］と言い、ローマ字では tosi で、ハングルで書くと次のようになります。

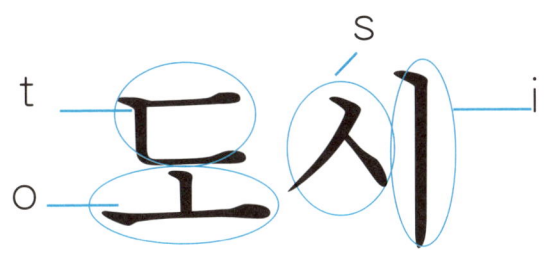

to= 도　　si= 시

ポイント 3	●子音と母音を覚えれば読める！ ハングルの文字を作るための 基本部品は24個だけ！

このポイントをきちんと！

◆**母音と子音という「部品」を使って**

　ハングルの母音や子音は、ローマ字と同じように、音だけを表し、母音と子音という「部品」の組み合わせで、文字の音と意味をつくります。

◆**ハングルはローマ字のように母音と子音の組み合わせ！**

　基本は10の母音と14の子音の組み合わせで文字を作ります。

　その他に11の二重母音、5つの子音（濃音）などがありますが、それらは基本の母音に1画加えたり、互いに組み合わせたりしてできています。

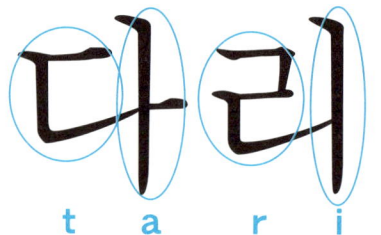

タリ（橋）

・・・図説ハングル早わかり・・・

◆基本の子音		◆基本の母音	
[k][g] ㄱ	+	[a] ㅏ ア	
[n] ㄴ		[ja] ㅑ ヤ	
[t][d] ㄷ		[ɔ] ㅓ オ	
[r][l] ㄹ		[jɔ] ㅕ ヨ	
[m] ㅁ		[o] ㅗ オ	
[p][b] ㅂ		[jo] ㅛ ヨ	
[s][ʃ] ㅅ		[u] ㅜ ウ	
[無音][ŋ] ㅇ		[ju] ㅠ ユ	
[tʃ][dʒ] ㅈ		[ɯ] ㅡ ウ	
[tʃʰ] ㅊ		[i] ㅣ イ	
[kʰ] ㅋ			
[tʰ] ㅌ			
[pʰ] ㅍ			
[h] ㅎ			

→ 가

● 가のように「子音＋母音」が１文字の最小単位で１音を作ります。

● ハングルが母音も子音も豊富なのは、微妙な音の違い（発音上の細かい違い）もことごとく書き分けることができるようになっているからです。

ポイント 4 ●これを覚えれば読める！

まず、ハングルの基本の4つの組み合わせを覚える

このポイントをきちんと！

◆ ローマ字表記にない組み合わせ

韓国語の一つの文字は、「子音＋母音」を基本に構成されていることは説明しました。

しかし、김치「キムチ」の김は、「子音＋母音＋子音」で一文字ですから、ローマ字表記にはない組み合わせですね。

◆「南大門市場」のハングルはどんな組み合わせ？

韓国語の文字には、「子音＋母音＋子音」パターンの組み合わせがとっても多いので、その組み合わせの読み方をマスターすれば、読みにぐんと強くなります。韓国で買物と言えば「**南大門市場**」、いろいろな組み合わせ方で文字ができていることがわかります。

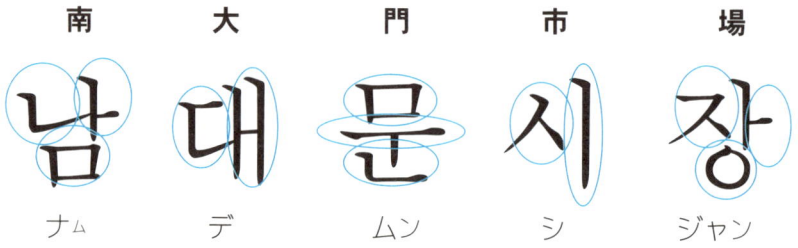

78 頁で総まとめ！

・・・図説ハングル早わかり・・・

一日目

◆組み立て方の基本は4つのパターン

　ハングルは発音記号を積み木のように積んだり、並べたりして音を出します。

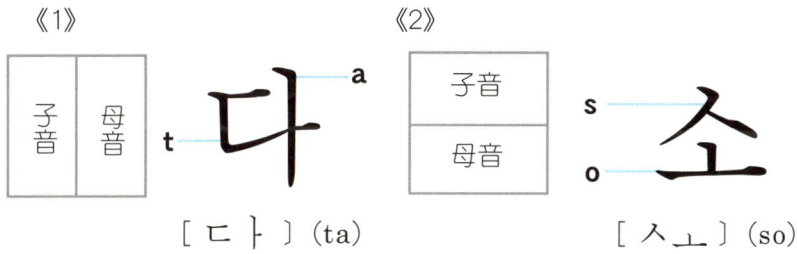

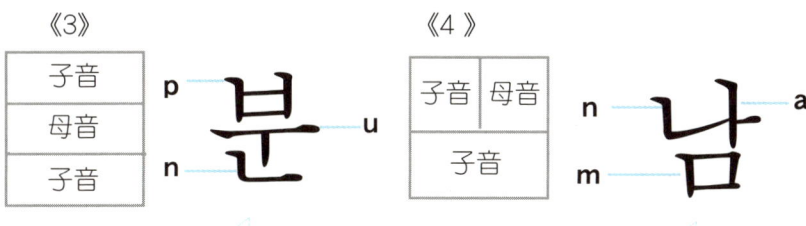

분 の発音の順序は、
「上→ 中→ 下」
［ㅂㅜㄴ］（ｐｕｎ）

남 の発音の順序は、
「左→ 右→ 下」
［ㄴㅏㅁ］（ｎａｍ）

ポイント5

●これを覚えれば読める！

ハングルは1文字を一息で発音する

このポイントをきちんと！

◆最後の子音の発音の仕方に慣れる

韓国語は、김 のように「子音＋母音＋子音」パターンの文字が多いのが特徴ですから、最後の子音の発音の仕方に慣れることが上達のポイントです。

この最後の子音を、「下から支える」という意味で**パッチム**といいます。

◆「コムタン」は「コムタン」

韓国料理で牛肉のテールを煮込んだスープを「コムタン」といいますが、韓国語では「コムタン」のように、「コム」も「タン」も次のように一息で発音します。

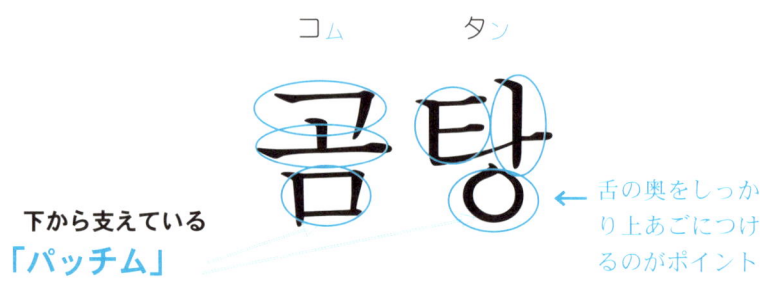

下から支えている「パッチム」

← 舌の奥をしっかり上あごにつけるのがポイント

98 頁でさらに詳しく！

・・・図説ハングル早わかり・・・

【1】「家」という意味の집、「チプ」と一息で発音します。

つまり、「チプ」という1つの音を、この形のように1文字で書こうと決めたんだなと考えればわかりやすいですね。

チプ

「上下の唇を閉じたまま、破裂させない」のがポイント

ㅂ はこの位置にくると、[p] の音で、上下の唇を閉じたまま、破裂させないでしっかりととめます。

ですから、外には音が出ません。chipu と発音しないこと。

【2】ご存じの「キムチ」をハングルで書くと 김치 となります。

キㇺ　　　チ

김 は ki＋m で一文字ですから、「キㇺ」と一息で発音します。このときの「ㇺ」は mu ではなく、口を閉じたままで、息を軽く鼻から出す m「ㇺ」となります。

ハングルを読むポイントを図解すると....。

次のハングルは「南大門市場」という意味で、「ナムデムンシジャン」のように発音しますね。（P.16参照）

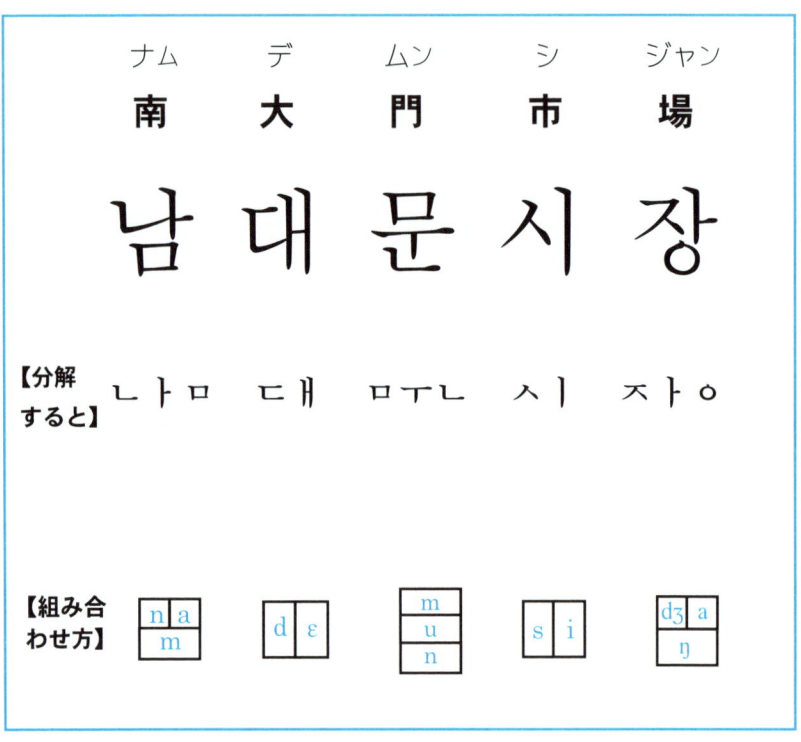

第2日

ハングルの基本を「読み・書き」でスッキリ覚える

● ハングルが読める！

まず6個の基本母音を形の類似と違いに注意して覚える

このポイントをきちんと！

◆ ハングルの基本は母音

　基本母音は 10 個あります。文字は最大 3 本の線の組み合わせで作ります。それぞれ形の類似と違いに注意し、整理しながら覚えるようにするのが、ハングルが読めるようになれる秘訣です。

◆ ［ウ］ㅜ , ㅡ が 2 つ、［オ］ㅓ , ㅗ が 2 つ

　ハングルの**基本母音 10 個**のうち、ㅏ［ア］と ㅣ［イ］は音が 1 つですが、［オ］と［ウ］は音が 2 つあります。ハングルは発音上の細かい違いをすべて文字で書き表します。

　たとえば、口を丸めて突き出して発音する ㅜ［ウ］、ㅗ［オ］と、口を大きく開けて発音する ㅓ［オ］と、唇を両側に引いて手発音する ㅡ［ウ］の文字があります。

아［ア］という文字は、ㅇ という部品と ㅏ という部品が組み合わさってはじめてハングルになりますね。 ㅇ は「発音しない」印で、その場所は子音の位置になります。

・・・図説ハングル早わかり・・・

◆似た形の違いで覚える！

　下記の基本母音をじっとみていると、長い棒と短い棒の組み合わせだということがわかります。〈縦が長い棒＋短い棒〉の時は「口を大きく開けて」発音、〈横が長い棒＋短い棒〉の時は「唇を丸め、突き出して」発音することにも気づかれるはずです。

基本の母音の発音（1）

◆縦が長い棒 + 短い棒

[a]

日本語の **「ア」** と似た音

●日本語の「ア」よりも強くはっきりした「ア」（<u>口を大きめに開ける</u>）

使われている単語例

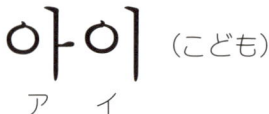（こども）
ア　イ

[ɔ]

日本語の **「オ」** に近い音

●**「ア」** の口の形で、<u>口を大きめに開けて</u>「オ」と発音。

使われている単語例

（母）
オ　モ　ニ

◆横が長い棒＋短い棒

前頁の어との発音を区別を！

[o]

日本語の**「オ」**と似た音

●口を丸めて前に突き出して「オ」と発音。

使われている単語例

（きゅうり）
オ　イ

[u]

日本語の**「ウ」**に近い音

●口を丸めて前に突き出して「ウ」と発音。

使われている単語例

（牛乳）
ウ　ユ

二日目

基本の母音の発音（1）

[ɯ]

日本語の **「ウ」** に近い音

●<u>唇を左右に引いて</u>平にして「ウ」と発音。

使われている単語例

은행（銀行）
ウン ヘン

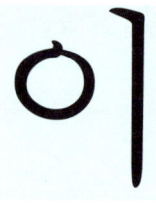

[i]

日本語の **「イ」** に近い音

●日本語の **「イ」** よりも、<u>はっきりと強い</u>「イ」。

使われている単語例

（歯）
イ

似た音を形の違いでチェックしてみましょう！

23頁では「似た形の違い」で覚えましたが、確実に覚えるために、別の角度から再チェックしておきましょう。

二日目

ㅏ	[ア]	口を大きく開けて	아

ㅓ	[オ]	口を大きく開けて	어
ㅗ	[オ]	唇を丸めて前に突き出して	오

ㅜ	[ウ]	口を丸めて前に突き出して	우
ㅡ	[ウ]	唇を両側に引いて	으
ㅣ	[イ]	はっきりと強く	이

●ハングルが読める！

さらに ㅏ, ㅓ, ㅗ, ㅜ に棒線を1本加えた4個の母音を覚える

このポイントをきちんと！

◆棒線を加えると発音はヤ行の音に

ㅏ, ㅓ, ㅗ, ㅜ に棒線が1本加えられた形の母音（ㅑ, ㅕ, ㅛ, ㅠ）を覚えます。

加えた棒線は発音記号からもわかるように[j]音を表していることがわかります。

◆棒線を1本加えた基本母音

基本母音10個のうち6つ（ㅏ, ㅓ, ㅗ, ㅜ, ㅣ, ㅡ）については、前項で覚えていただけましたか？

ㅏ ㅓ ㅗ ㅜ に棒線を1本加えた形の母音が右頁です。

◆前頁までに覚えたハングルをここでもう一度チェック！

아 어 오 우 으 이

・・・図説ハングル早わかり・・・

| ㅏ → ㅑ [ヤ] | ㅓ → ㅕ [ヨ] |
| ㅗ → ㅛ [ヨ] | ㅜ → ㅠ [ユ] |

二日目

◆ 一画を加える
　＝［ｊ（イ）］音を加える

[a] ㅏ	＋	ー	＝	ㅑ [ja]	야
[ɔ] ㅓ	＋	ー	＝	ㅕ [jɔ]	여
[o] ㅗ	＋	｜	＝	ㅛ [jo]	요
[u] ㅜ	＋	｜	＝	ㅠ [ju]	유

基本の母音の発音（2）

ㄱ ㄴ ㄷ などの子音の位置ですね。

[ja]

日本語の **「ヤ」** と似た音

● 아 [ア] と同じように口を大きく開けて「ヤ」と発音。

使われている単語例

야채 （野菜）
ヤ　チェ

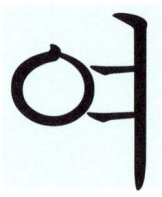

[ɔ]

日本語の **「ヨ」** に近い音

● 口を大きく開けて「ヨ」と発音。

使われている単語例

영어 （英語）
ヨン　オ

[jo]

日本語の**「ヨ」**と似た音

● 口を丸くして前に突き出して「ヨ」と発音。

使われている単語例

요일 （曜日）
ヨ　イル

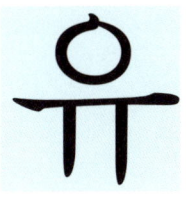

[ju]

日本語の**「ユ」**に近い音

● 口を丸くして前に突き出して「ユ」と発音。

使われている単語例

유행 （流行）
ユ　ヘン

●これが混乱しがち。スッキリまとめて覚えよう！

韓国語の文字が読める
基本母音をスッキリ整理しましょう！

◆基本の母音は読めるようになりましたか？

　発音の仕方は違っても、カタカナ表記すると同じものが多いので区別しておぼえにくいかもしれません。
　そこで、同じカタカナ表記の音の違い（発音）を比較しながら覚えましょう。

◆似た音の発音の違いをチェック！

[オ]	어	[オ]	口を大きく開けて	ㅓ
	오	[オ]	唇を丸め、突き出して	ㅗ
[ヨ]	여	[ヨ]	口を大きく開けて	ㅕ
	요	[ヨ]	唇を丸め、突き出して	ㅛ
[ウ]	우	[ウ]	唇を丸め、突き出して	ㅜ
	으	[ウ]	唇を両側に引いて	ㅡ

ア ヤ オ ヨ オ ヨ ウ ユ ウ イ
아 야 어 여 오 요 우 유 으 이

◆口（唇）の形のまとまりでチェック！

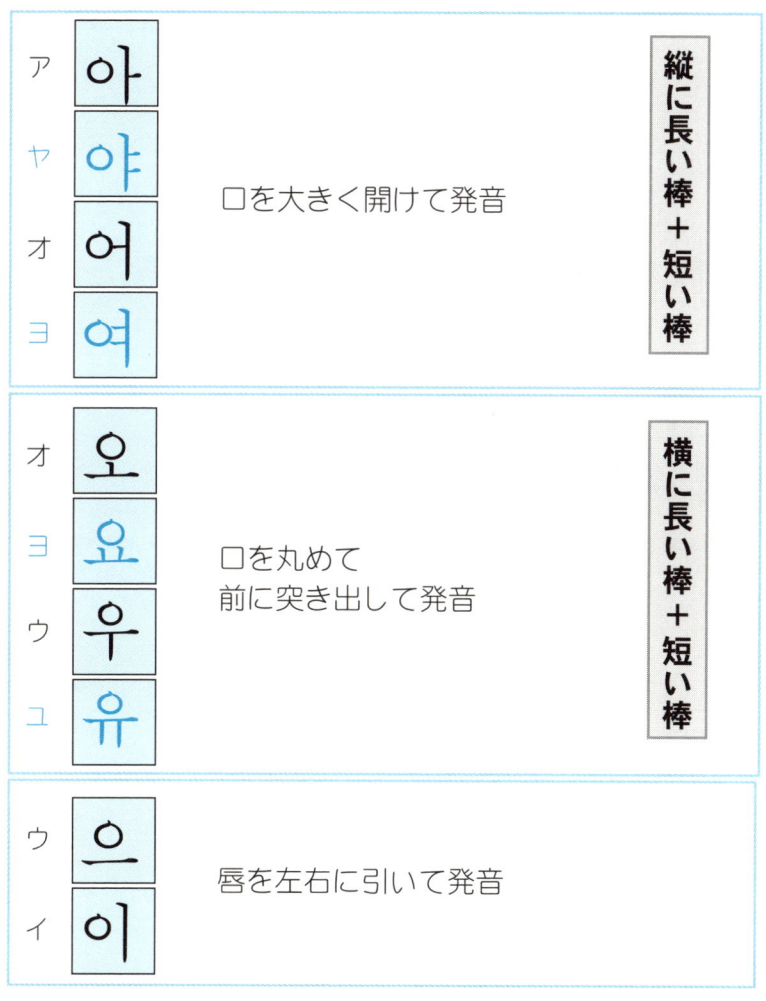

● ハングルを書いてみましょう！

基本母音 10 個を
書きながら覚えよう！

◆書きながら覚えると、しっかり読めるようになります。

　ひらがなやカタカナも書いて覚えましたね。ハングルも同じことで、書きながら覚えるとしっかり読めるようになります。
　まず、書き順の基本からやってみましょう。

【書き順の基本】　上　→　下、　左　→　右

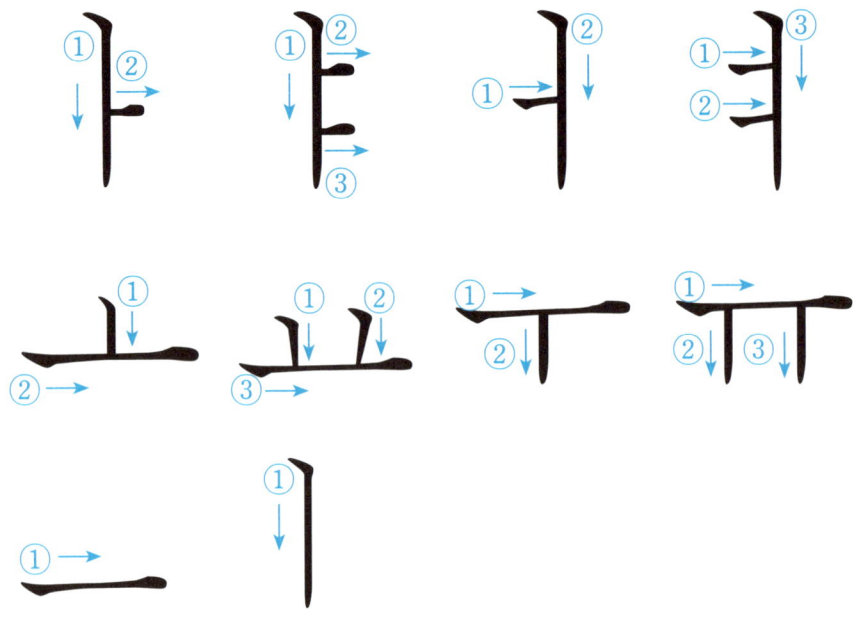

■書き方の練習をしてみましょう！

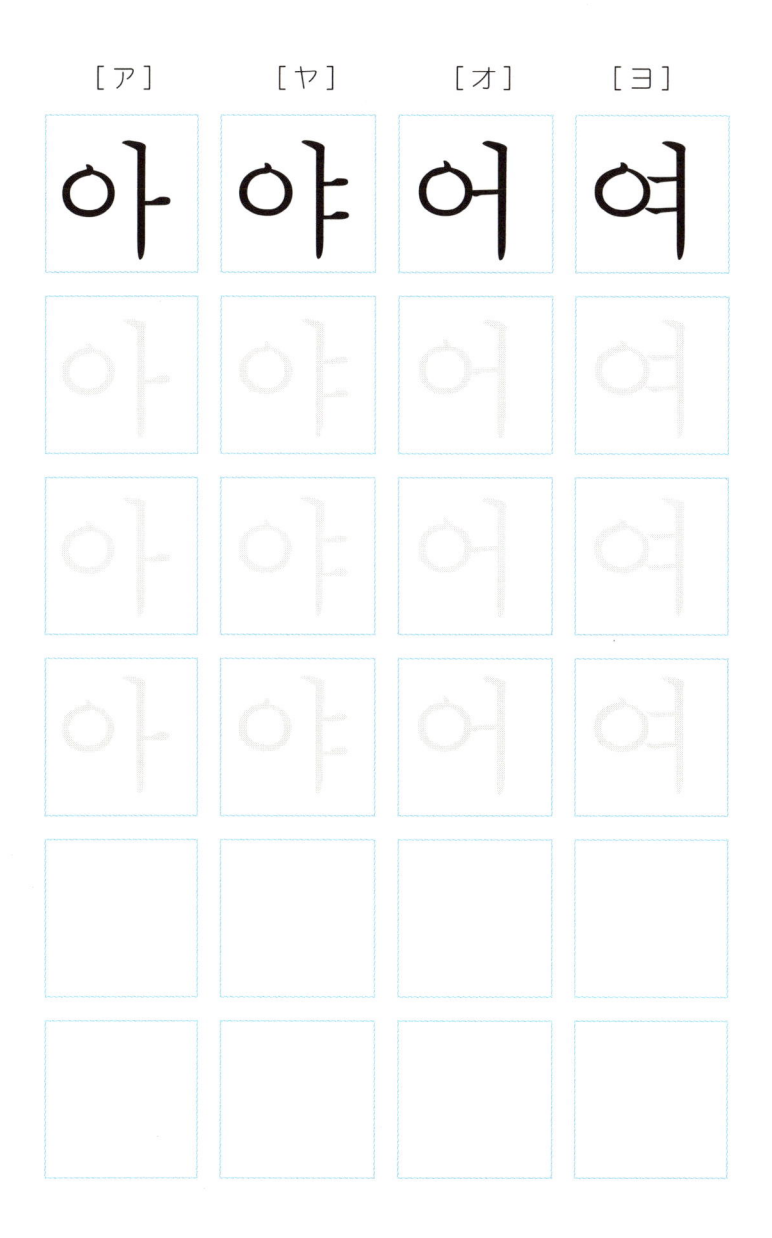

[ア]	[ヤ]	[オ]	[ヨ]
아	야	어	여

二日目

[オ]　　　[ヨ]　　　[ウ]　　　[ユ]

오　　　요　　　우　　　유

[ウ]　　[イ]

으　이

●ハングルが読める！

まず、10の子音を
スラスラ読めるようにする！

このポイントをきちんと！

◆まずは10個の基本中の基本の子音を覚える！

　基本子音は14個ですが、さらに同じ子音を重ねたもの（5個 p.66）や異なる子音を組み合わせたもの（11個 p.91）があります。

　「合計で30個もあるのか」とめげそうですが、その3分の1の10個を覚えれば、あとは組み合わせですから大丈夫です。

【例】　ㄱ　を子音の位置の　○　に入れて文字を作ります。

ㄱ

아　야　어　여　오　요　우　유　으　이
ア　ヤ　オ　ヨ　オ　ヨ　ウ　ユ　ウ　イ

가　갸　거　겨　고　교　구　규　그　기
カ　キャ　コ　キョ　コ　キョ　ク　キュ　ク　キ

・・・図説ハングル早わかり・・・

◆**基本子音字は「カナタラマパサアチャハ」と唱えましょう！**

子音だけでは発音できないので母音の ㅏ をつけて覚えます。

二日目

子音	カナ表記	発音記号		子音+ㅏ	カナ
ㄱ	[ク]	[k] [g]		가	「カ」
ㄴ	[ン]	[n]		나	「ナ」
ㄷ	[トゥ]	[t] [d]		다	「タ」
ㄹ	[ル]	[r] [l]		라	「ラ」
ㅁ	[ム]	[m]		마	「マ」
ㅂ	[プ]	[p] [b]		바	「パ」
ㅅ	[ス]	[s] [ʃ]		사	「サ」
ㅇ	[無音]	[無音] [ŋ]		아	「ア」
ㅈ	[チュ]	[tʃ] [dʒ]		자	「チャ」
ㅎ	[フ]	[h]		하	「ハ」

基本子音の発音

子音はカタカナ通りの発音で通用します。

日本語の**カ行の[k]**の感じ

ㄱ

[k][g]

使われている単語例

고추 (唐辛子)
コ　チュ

日本語の**ナ行の[n]**の感じ

ㄴ

[n]

使われている単語例

노래 (歌)
ノ　レ

書かれる位置で形が変化することに気をつけて！

ㄷ

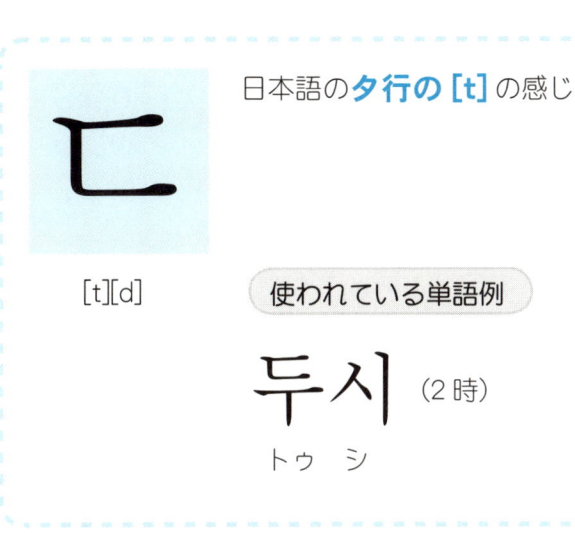

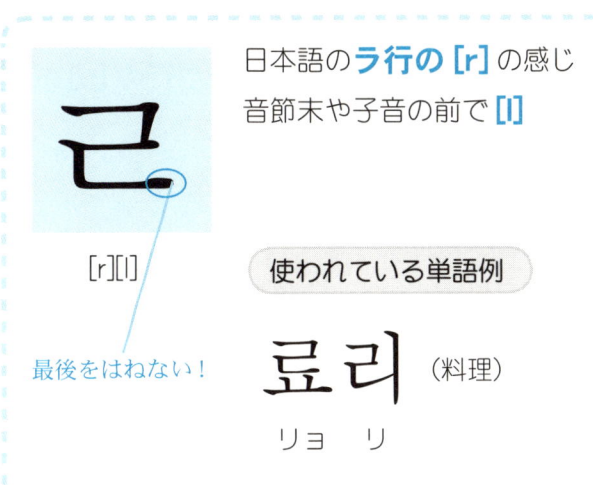

[t][d]

日本語の**タ行の[t]**の感じ

使われている単語例

두시 （2時）
トゥ シ

ㄹ

[r][l]

日本語の**ラ行の[r]**の感じ
音節末や子音の前で**[l]**

最後をはねない！

使われている単語例

료리 （料理）
リョ リ

基本子音の発音

ㅁ

[m]

日本語の**マ行の[m]**の感じ

使われている単語例

나무 (木)
ナ　ム

ㅂ

[p]

日本語の**パ行の[p]**の感じ

使われている単語例

배추 (白菜)
ペ　チュ

二日目

漢字の「人」とは違います。
最後をきちっと止めます。

ㅅ

[s][ʃ]

日本語**サ行の**[s]**の感じ**

使われている単語例

소 (牛)
ソ

ㅈ

[tʃ][dʒ]

日本語の**チュ**[tʃ]**の感じ**

使われている単語例

주사 (注射)
チュ　サ

基本子音の発音

ㅎ [h]

手書きするときは、この「ヽ」は書かない。

日本語の**ハ行の[h]**
常にのどの奥から息を出す

使われている単語例

해 (太陽)
ヘ

ㅇ [無][ŋ]

手書きするときは、この「ヽ」は書かない。

「ング」の感じで
空気を鼻に抜かす

使われている単語例

영수증 (領収書)
ヨン ス ジュン

◆ハングルの子音に慣れましょう！
使われている単語

二日目

バス
버스
ポス

しっぽ
거리
コリ

ひたい
이마
イマ

ラジオ
라디오
ラディオ

亀
자라
チャラ

腰
허리
ホリ

頭
머리
モリ

脚
다리
タリ

蝶
나비
ナビ

射手座
사수자리
サスジャリ

●ハングルを書いてみましょう！

基本子音10個を書きながら覚えよう！

◆書きながら覚えると、しっかり読めるようになります。

【書き順の基本】 上 → 下、左 → 右

ㄱ ㄴ ㄷ
ㄹ ㅁ ㅂ
ㅅ ㅇ ㅈ
ㅎ

キムチー

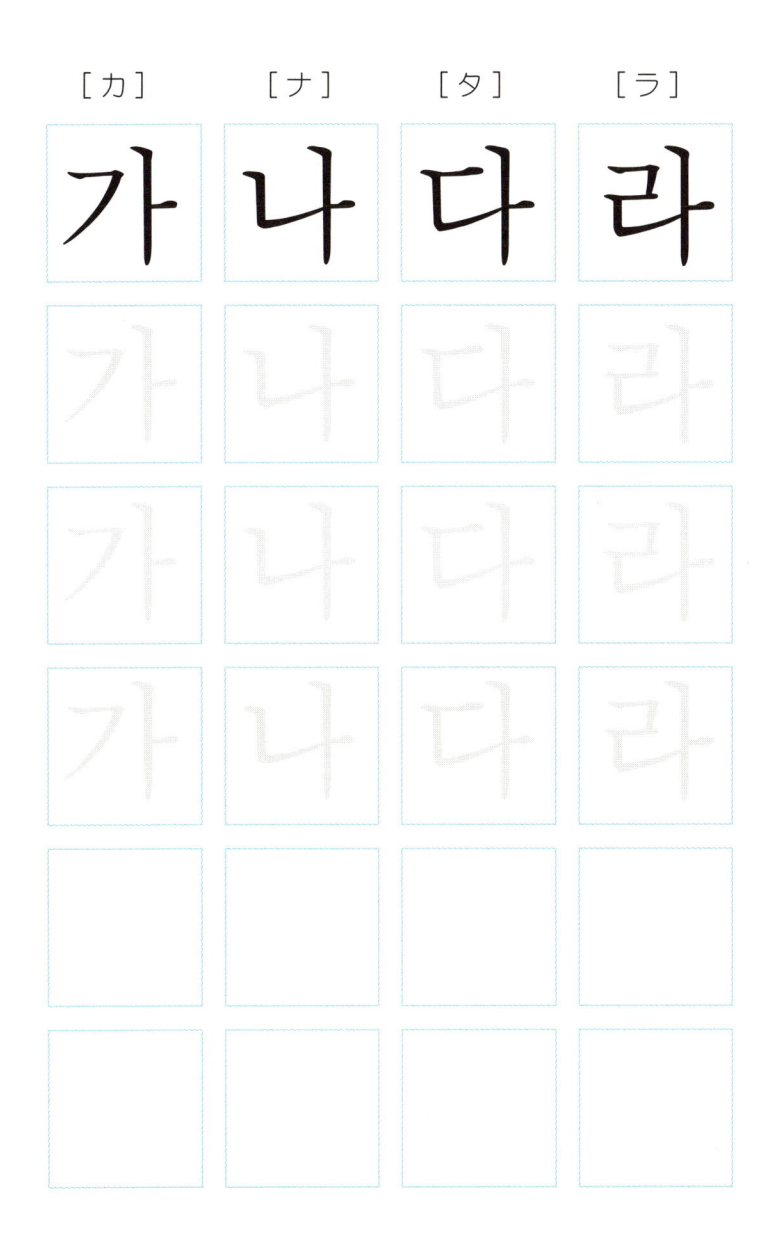

■書き方の練習をしてみましょう！

［カ］　　［ナ］　　［タ］　　［ラ］

가　나　다　라

■ 書き方の練習をしてみましょう！

[マ]　　　[パ]　　　[サ]　　　[ア]

| 마 | 바 | 사 | 아 |

[チァ]　[ハ]

자　하

二日目

◆韓国語の語順は日本語とほとんど同じ

　韓国語はほとんど日本語と同じ語順で文を作りますから、とても親しみのわく言葉です。
　日本語と韓国語の語順に注意して読んでみましょう。

エスカレーターを　　降りて　　まっすぐ　行ってください。

에스컬레이터를 내려서 곧장 가세요.
エスコルレイトルル　　　ネリョソ　コッチャン　カセヨ

　まったくと言ってよいほど語順が同じですから、一つでも多くの単語を覚えれば、韓国語の会話力は短期間で確実にアップします。

◆韓国語の「て・に・を・は」は日本語に似ている

　上の「エスカレーターを」の「を」は、単語をつなぎ合わせる助詞ですが、韓国語にも助詞があるのです。
　「에스컬레이터를」の「를」や「을」が日本語の助詞の「を」に対応しています。

●韓国語の「助詞」の例

가 / 이	［カ／イ］	…「が」
는 / 은	［ヌン／ウン］	…「は」
로 / 으로	［ロ／ウロ］	…「へ」

第3日

ここがつまずきやすい！一気に・スッキリとマスターする！

●ハングルが読める！

基本母音にさらに組み合わせて 11 個の音を作る

このポイントをきちんと！

◆組み合わせの特徴を覚えればスッキリします！

　基本母音にさらに組み合わせて、11個の音［合成母音］を作ります。組み合わせをしっかり覚えましょう。

◇ ㅗ と他の基本母音を組み合わせた母音
◇ ㅜ と他の基本母音を組み合わせた母音

◆このハングルの読みでつまずいてしまう人が多い！

「果物」のことを韓国語では次のように言います。

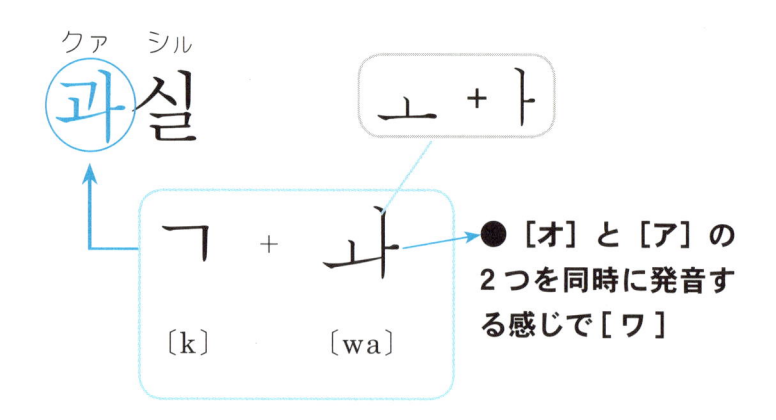

クァ　シル
과실

ㅗ ＋ ㅏ

ㄱ ＋ ㅘ
〔k〕　　〔wa〕

●［オ］と［ア］の2つを同時に発音する感じで［ワ］

・・・図説ハングル早わかり・・・

ㅏ	ア	+	ㅣ	イ	=	ㅐ [エ]
ㅑ	ヤ	+	ㅣ	イ	=	ㅒ [イェ]
ㅓ	オ	+	ㅣ	イ	=	ㅔ [エ]
ㅕ	ヨ	+	ㅣ	イ	=	ㅖ [イェ]

ㅗ	オ	+	ㅏ	ア	=	ㅘ [ワ]
ㅗ	オ	+	ㅐ	エ	=	ㅙ [ウェ]
ㅗ	オ	+	ㅣ	イ	=	ㅚ [ウェ]

ㅜ	ウ	+	ㅓ	オ	=	ㅝ [ウォ]
ㅜ	ウ	+	ㅔ	エ	=	ㅞ [ウェ]
ㅜ	ウ	+	ㅣ	イ	=	ㅟ [ウィ]

ㅡ	ウ	+	ㅣ	イ	=	ㅢ [ウィ]

三日目

合成母音の発音

애

口を大きく開いて **[エ]** [ɛ]

아 + 이

使われている単語例

배우 (俳優)
ペ　ウ

얘

口を大きく開いて **[イェ]** [jɛ]
子音の後では ㅐ と同じ

야 + 이

使われている単語例

얘기 (話)
イェ　ギ

에
어 + 이

日本語の **[エ]** [e] に近い発音
（口を小さく開いて）

使われている単語例

메뉴 （メニュー）
メ　ニュ

예
여 + 이

口は狭く **[イェ]** [je] と発音
（口を小さく開いて）

使われている単語例

예정 （予定）
イェ　ジョン

合成母音の発音

《 오 との組み合わせの母音》

와

오 + 아

日本語の [ワ] [wa] と
ほぼ同じ発音

使われている単語例

와인 （ワイン）
ワ　イン

왜

오 + 애

[オ] から [エ] を同時に発音する
[ウェ] [wɛ]

使われている単語例

돼지고기 （豚肉）
トゥェ ジ ゴ ギ

외
오 + 이

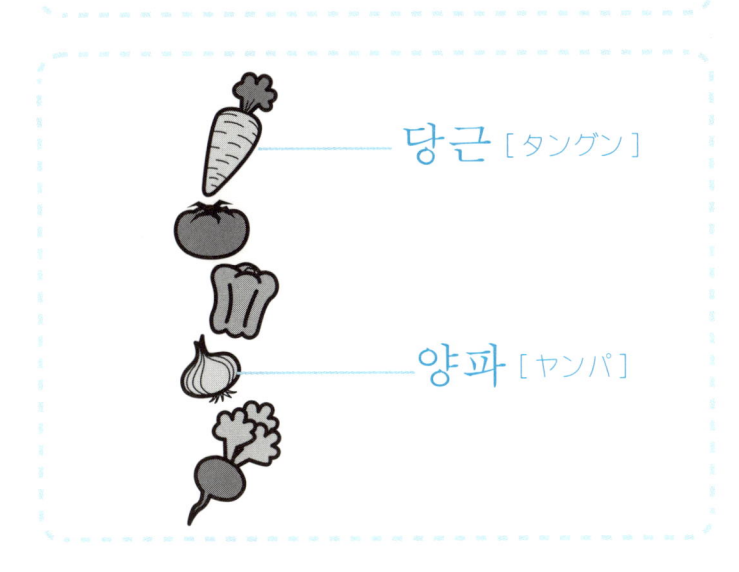

日常会話では [**ウェ**][we] と発音

使われている単語例

회 (刺身)
フェ

당근 [タングン]

양파 [ヤンパ]

合成母音の発音

《우との組み合わせの母音》

워 우+어

口を丸めて［ウ］と発音すると同時に［オ］を発音する [ウォ] [wɔ]

使われている単語例

뭐래？ （何だって？）
ムウォレ

웨 우+에

口を丸めて［ウ］と発音すると同時に［エ］を発音する [ウェ] [we]

使われている単語例

웨이터 （ウエイター）
ウェ イ トォ

위
우+이

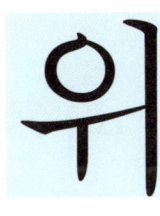

[ウ]から[イ]をひと息で発音する **[ウィ]** [wi]

使われている単語例

가위 （はさみ）
カ　ウィ

의
으+이

唇を横に引いて[ウ]を発音してから[イ]を素早く発音する **[ウイ]** [ɯi]

使われている単語例

의미 （意味）
ウィ　ミ

■練習問題にトライ！

Q. ハングルを読んでみましょう！

뒤　　　　　과자

좌우　　　　의자

영화　　　　미술관

최고에요．　좌석

A. チェックしてみましょう！

後ろ	お菓子
뒤	과자
トゥイ	クァジャ

左右	イス
좌우	의자
チャウ	ウィジャ

映画	美術館
영화	미술관
ヨンファ	ミスルグァン

最高ですよ	座席
최고에요.	좌석
チェ ゴ エ ヨ	チャソㇰ

61

●ハングルを書いてみましょう！

基本母音を組み合わせた11個を書きながら覚えよう！

キムチー

◆書きながら覚えるとしっかり読めるようになります。

【書き順の基本】　上　→　下、左　→　右

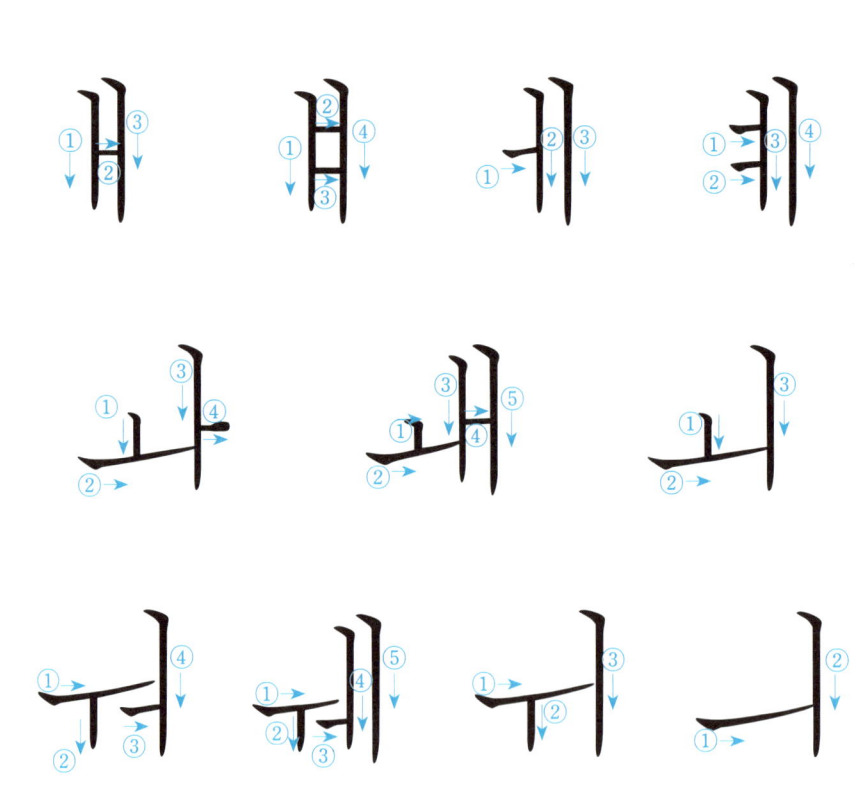

ㅐ　ㅒ　ㅔ　ㅖ

ㅘ　ㅙ　ㅚ

ㅝ　ㅞ　ㅟ　ㅢ

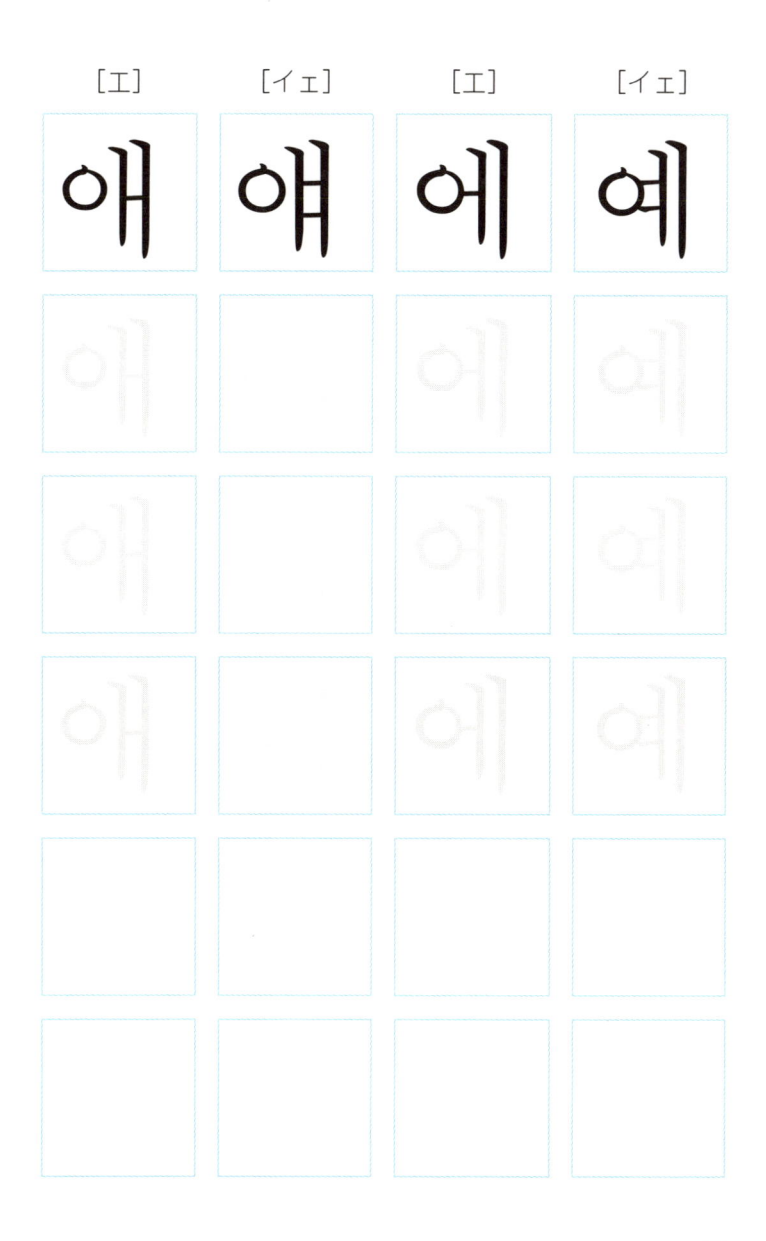

■書き方の練習をしてみましょう！

[エ]　[イェ]　[エ]　[イェ]

애　얘　에　예

■書き方の練習をしてみましょう！

[ワ]　　[ウェ]　　[ウェ]　　[ウォ]

와　왜　외　워

[ウェ]　　[ウィ]　　[ウィ]

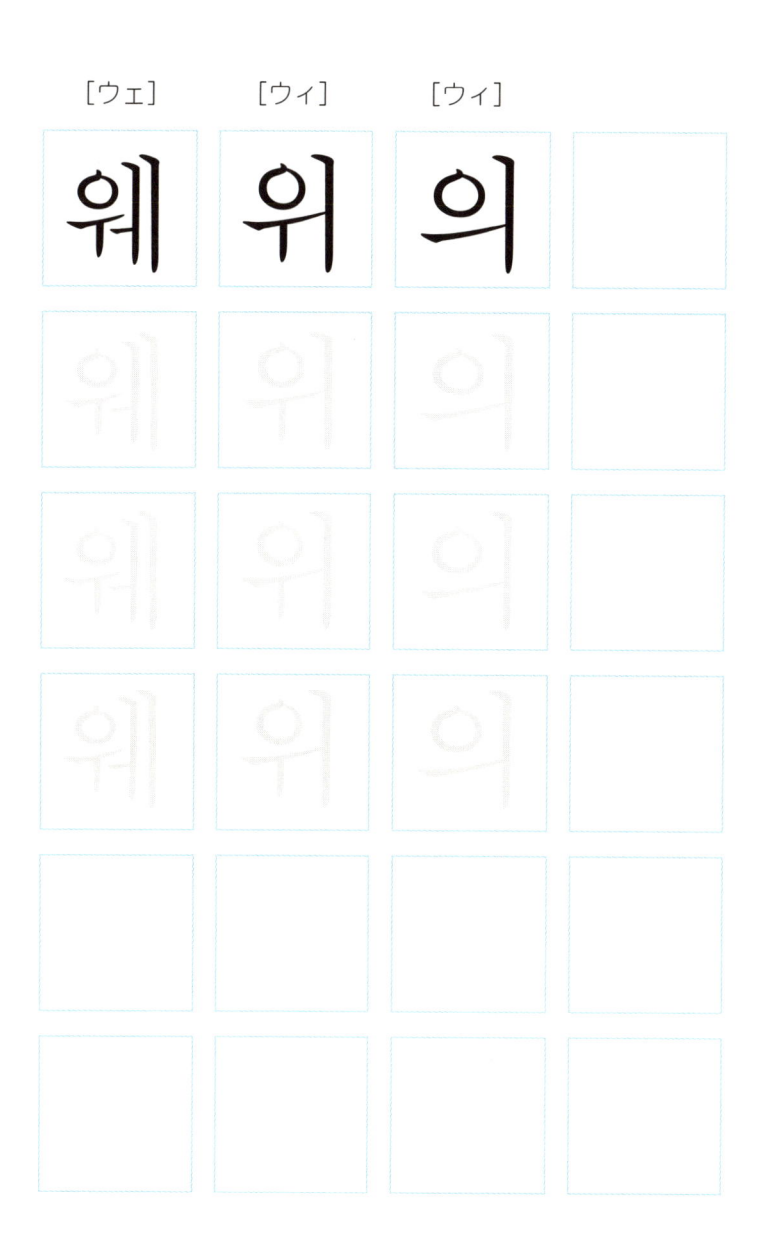

웨　위　의

●日本語にない発音をチェック！

発音の強弱で文字が違う子音字を9つ覚える

このポイントをきちんと！

◆**子音の発音の強弱で文字が違うもの**

[激音]　　　　　　[濃音]

파 (ねぎ)　　　　　　어깨 (肩)
パ　　　　　　　　　オッケ

◆**激しい音 [激音]** ㅋ ㅌ ㅍ ㅊ

　のどから息を激しく出しながら発する音。息を強く吐き出す感じで発音。声の大きさではなく、息を吐き出す強さです。

◆**つまった音 [濃音]** ㄲ ㄸ ㅃ ㅆ ㅉ

　息をまったく出さないで音だけを出すもの。
　ポイントは「ッパ」「ッタ」のように少し息を詰めて発音するとそれらしく聞こえます。
　「しっかり」の「っか」/「ぴったり」の「った」/「さっぱり」の「っぱ」/「あっさり」の「っさ」/「ぽっちゃり」の「っちゃ」の音に近い。

・・・図説ハングル早わかり・・・

●息を強く出し ながら 発音

●息をつめて発音する （息を出さない）

[激音]　　　[濃音]

ㄱ	[k, g]	ㅋ [kʰ]	ㄲ	「ッカ」
ㄴ				
ㄷ	[t, d]	ㅌ [tʰ]	ㄸ	「ッタ」
ㄹ				
ㅁ				
ㅂ	[p, b]	ㅍ [pʰ]	ㅃ	「ッパ」
ㅅ			ㅆ	「ッサ」
ㅇ				
ㅈ	[tʃ, dʒ]	ㅊ [tʃʰ]	ㅉ	「ッチャ」

三日目

●日本語にない発音をチェック！

激音と濃音の発音の ポイントを押さえる！

[激音] ●息を強く出しながら発音

ㄱ ⇒ ㅋ　　카메라 （カメラ）
　　　　　　カメラ

ㄷ ⇒ ㅌ　　트렁크 （トランク）
　　　　　　トゥロンク

ㅂ ⇒ ㅍ　　파파 （パパ）
　　　　　　パパ

ㅈ ⇒ ㅊ　　고추 （唐辛子）
　　　　　　コチュ

[濃音] ●息をつめて発音する（息を出さない）

ㄱ ⇒ ㄲ [ッカ] 꽃 (花)
　　　　　　　　コッ
「しっかり」の **「っか」**

ㄷ ⇒ ㄸ [ッタ] 떡 (もち)
　　　　　　　　トク
「ぴったり」の **「った」**

ㅂ ⇒ ㅃ [ッパ] 오빠 (兄さん)
　　　　　　　　オッパ　　　　（女性が呼ぶとき）
「さっぱり」の **「っぱ」**

ㅅ ⇒ ㅆ [ッサ] 쓰다 (苦い)
　　　　　　　　スダ
「あっさり」の **「っさ」**

ㅈ ⇒ ㅉ [ッチャ] 짜다 (塩辛い)
　　　　　　　　　チャダ
「ぽっちゃり」の **「っちゃ」**

●ハングルを書いてみましょう！

激音と濃音を書きながら覚えよう！

◆書きながら覚えるとしっかり読めるようになります。

【書き順の基本】　上 → 下、左 → 右

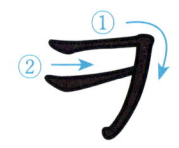

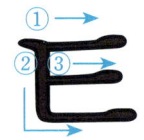

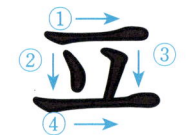

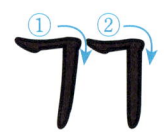

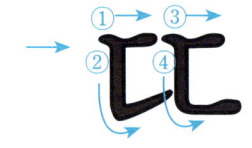

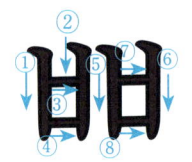

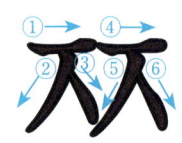

ヲ　ㅌ　ㅍ

ㅊ　ㄲ → ㄸ

ㅃ　ㅆ　ㅉ

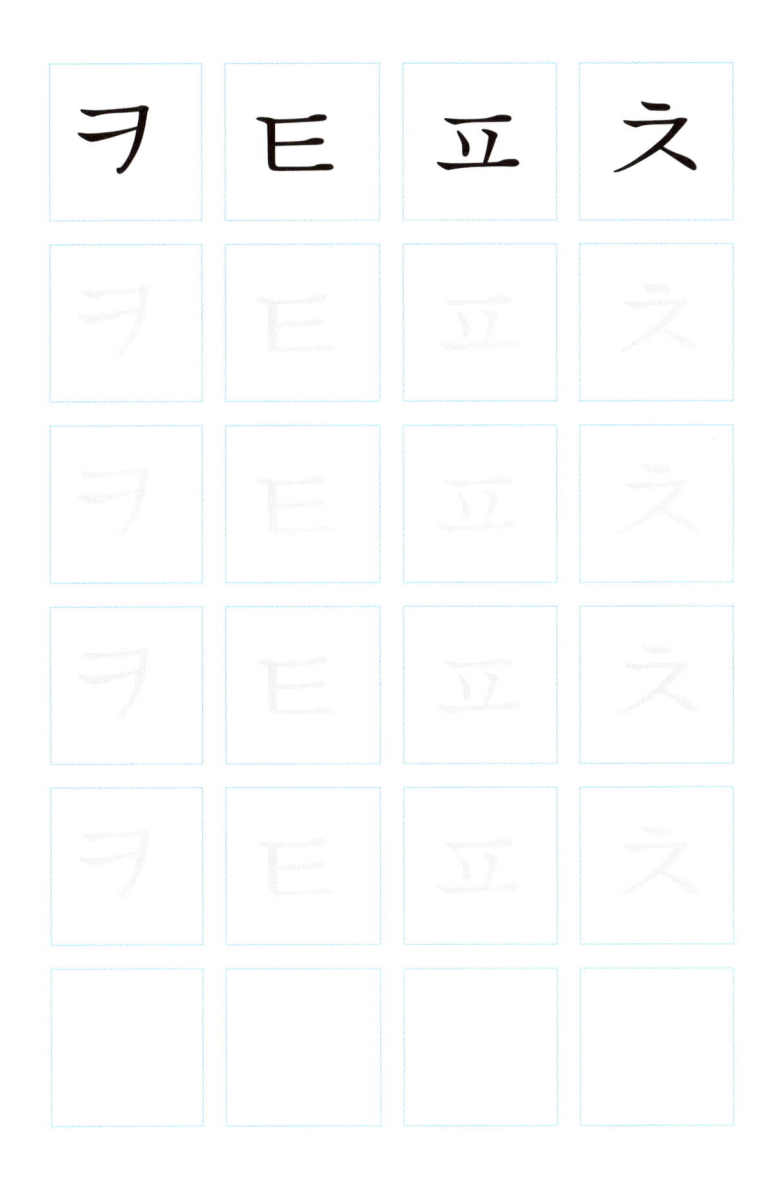

■書き方の練習をしてみましょう！

ヲ　ヒ　ユ　ス

二日目

三日目

■書き方の練習をしてみましょう！

| ㄲ | ㄸ | ㅃ | ㅆ |

씨

二日目
三日目

書きながら
ハングルの読みを
総整理してみましょう！

◆ なぞって書いてみましょう

화장실은

トイレは　　　どこですか
화장실은 어디입니까?
ファジャンシルン　オディイムニカ

三日目

어디입니까?

어디입니까?

어디입니까?

● ハングルの読み方のルール

語中で濁音になる

ㄱ , ㄷ , ㅂ , ㅈ

このポイントをきちんと！

◆「ク・トゥ・プ・チュ」が「グ・ドゥ・ブ・ジュ」に変化

　子音字のうち、ㄱ , ㄷ , ㅂ , ㅈ の4文字は語中（母音にはさまれるとき）で、[グ], [ドゥ], [ブ], [ジュ] に変化する4つの子音です。

　パッチムの ㄴ , ㄹ , ㅁ , ㅇ の後にくるときも同様に変化します（例外もあります）。

◆ ㄱ , ㄷ , ㅂ , ㅈ 以外は濁音にならない！

ㄱ	「ク」[k]	〈語中では〉	→ [g]「グ」
ㄷ	「トゥ」[t]	〈語中では〉	→ [d]「ドゥ」
ㅂ	「プ」[p]	〈語中では〉	→ [b]「ブ」
ㅈ	「チュ」[tʃ]	〈語中では〉	→ [dʒ]「ジュ」

ㅅ [s]は似ているが、変化しない！

韓国語では、「店」のことを가게［カゲ］と言います。

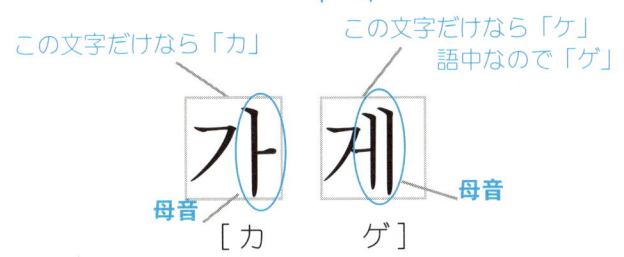

この文字だけなら「カ」 → 가 ← 母音 ［カ］
この文字だけなら「ケ」語中なので「ゲ」 → 게 ← 母音 ［ゲ］

さつまいも
고구마
コグマ

塩
소금
ソグム

診断書
진단서
チンダンソ

靴
구두
クドゥ

日本
일본
イルボン

前にパッチムのㄹがきているのでバ行の音になる。

蝶
나비
ナビ

焼酎
소주
ソジュ

父さん
아버지
アボジ

●ハングルの組み立てのまとめ

文字の構成
6パターンを押さえよう！

　ハングルの基本の4つの組み合せについては、16・17頁で概要を説明しました。ここで総まとめしてみましょう。

1	2	3
子音 | 母音	子音 / 母音	子音 / 母音
배	소	최
지	우	좌

キムチー

Q. 韓国ドラマ「冬のソナタ」の２人の出演者名が下記の
パターンのハングルにかくれています。わかりますか？

(答は頁下にあります)

三日目

4
子音	母音
子音	

박
연

5
子音
母音
子音

준
용

6
子音
母音
子音

괜
관

【答】배용준（ペ ヨンジュン）/ 최지우（チェ ジウ）

●ハングルが書ける！

自分の名前をハングルで書いてみよう！

◆表に当てはめれば一発で書ける！

あなたご自身やご家族，友人の名前をハングルで日本語の読みで書いてみましょう。文字の形に慣れるのにとても役立ちます。

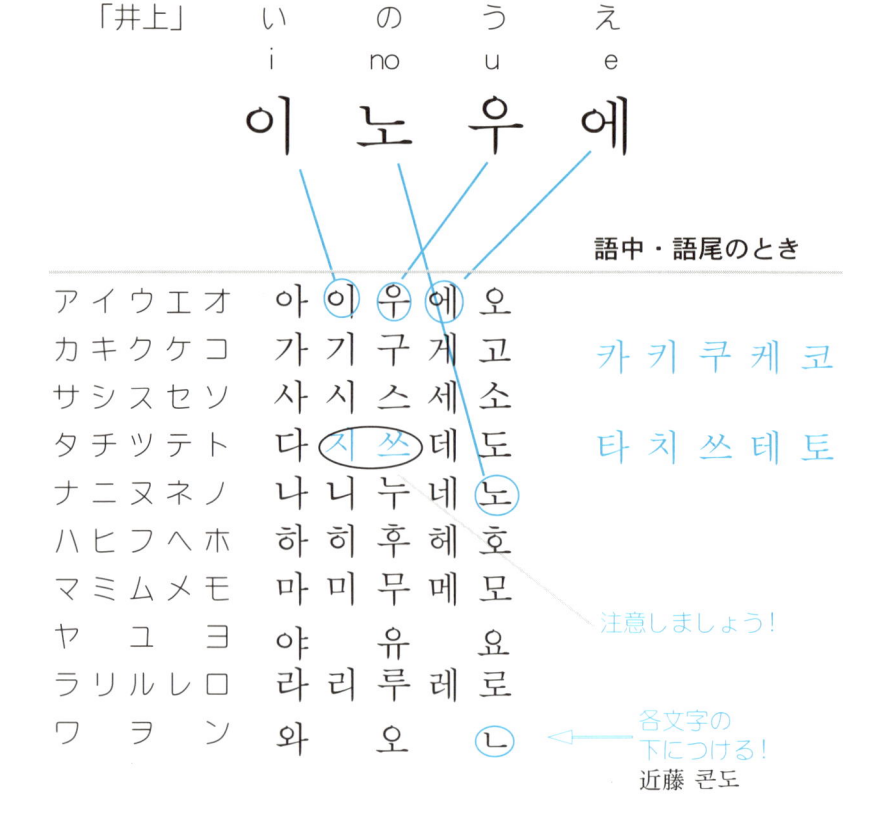

「井上」　　い　　の　　う　　え
　　　　　　i　　no　　u　　e

이　노　우　에

語中・語尾のとき

アイウエオ	아 이 우 에 오	
カキクケコ	가 기 구 게 고	카 키 쿠 케 코
サシスセソ	사 시 스 세 소	
タチツテト	다 지 쯔 데 도	타 치 쓰 테 토
ナニヌネノ	나 니 누 네 노	
ハヒフヘホ	하 히 후 헤 호	
マミムメモ	마 미 무 메 모	
ヤ　ユ　ヨ	야　유　요	
ラリルレロ	라 리 루 레 로	
ワ　ヲ　ン	와　오　ㄴ	

注意しましょう！

各文字の下につける！
近藤 콘도

【書くときに気をつけること】

● **長母音は省略**

  伊藤　　（いとう）　　이토

● **小さい「ッ」を含む音は、ㅅで表わす。**

  服部　　（はっとり）　　핫토리

● **語中・語尾では清音・濁音の違いに注意する。**

  山田　　（やまだ）　　야마다
  加藤　　（かとう）　　가토

● **韓国語には「ザ」「ツ」にあたる音がないので、それぞれ** 자**「ジャ」**
쓰**「ス」で代用する。**

		語中・語尾のとき
キャ キュ キョ	갸 규 교	캬 큐 쿄
シャ シュ ショ	샤 슈 쇼	샤 슈 쇼
チャ チュ チョ	자 주 조	차 추 초
ニャ ニュ ニョ	냐 뉴 뇨	変化ありません
ヒャ ヒュ ヒョ	햐 휴 효	
ミャ ミュ ミョ	먀 뮤 묘	
リャ リュ リョ	랴 류 료	
ギャ ギュ ギョ	갸 규 교	
ジャ ジュ ジョ	자 주 조	注意しましょう！
ビャ ビュ ビョ	뱌 뷰 뵤	
ピャ ピュ ピョ	퍄 퓨 표	
ガ ギ グ ゲ ゴ	가 기 구 게 고	
ザ ジ ズ ゼ ゾ	ⓐ자 지 즈 제 조	
ダ ヂ ヅ デ ド	다 ㉢지 즈 데 도	
バ ビ ブ ベ ボ	바 비 부 베 보	
パ ピ プ ペ ポ	파 피 푸 페 포	

語中・語尾で変わるもの

カナ	ハングル	語中・語尾
アイウエオ	아 이 우 에 오	
カキクケコ	가 기 구 게 고	카 키 쿠 케 코
サシスセソ	사 시 스 세 소	
タチツテト	다 지 쓰 데 도	타 치 쓰 테 토
ナニヌネノ	나 니 누 네 노	
ハヒフヘホ	하 히 후 헤 호	
マミムメモ	마 미 무 메 모	
ヤ ユ ヨ	야 유 요	
ラリルレロ	라 리 루 레 로	
ワ ヲ ン	와 오 ㄴ	

キャキュキョ	갸 규 교	캬 큐 쿄
シャシュショ	샤 슈 쇼	샤 슈 쇼
チャチュチョ	자 주 조	차 추 초
ニャニュニョ	냐 뉴 뇨	
ヒャヒュヒョ	햐 휴 효	
ミャミュミョ	먀 뮤 묘	
リャリュリョ	랴 류 료	
ギャギュギョ	갸 규 교	
ジャジュジョ	자 주 조	
ビャビュビョ	뱌 뷰 뵤	
ピャピュピョ	퍄 퓨 표	
ガギグゲゴ	가 기 구 게 고	
ザジズゼゾ	자 지 즈 제 조	
ダヂヅデド	다 지 즈 테 도	
バビブベボ	바 비 부 베 보	
パピプペポ	파 피 푸 페 포	

左の表を使ってハングルでいろいろ書いてみましょう！

ハングルで日記を書けたらいいですね。
最初は1、2語から書く練習をしましょう。

（例）「**着物**」 기모노 ［キモノ］

三日目

【ハングル表】(P86〜89を参照)

	ㅏ	ㅑ	ㅓ	ㅕ	ㅗ	ㅛ	ㅜ	ㅠ	ㅡ	ㅣ
ㄱ	가	갸	거	겨	고	교	구	규	그	기
ㄴ	나	냐	너	녀	노	뇨	누	뉴	느	니
ㄷ	다	댜	더	뎌	도	됴	두	듀	드	디
ㄹ	라	랴	러	려	로	료	루	류	르	리
ㅁ	마	먀	머	며	모	묘	무	뮤	므	미
ㅂ	바	뱌	버	벼	보	뵤	부	뷰	브	비
ㅅ	사	샤	서	셔	소	쇼	수	슈	스	시
ㅇ	아	야	어	여	오	요	우	유	으	이
ㅈ	자	쟈	저	져	조	죠	주	쥬	즈	지
ㅊ	차	챠	처	쳐	초	쵸	추	츄	츠	치
ㅋ	카	캬	커	켜	코	쿄	쿠	큐	크	키
ㅌ	타	탸	터	텨	토	툐	투	튜	트	티
ㅍ	파	퍄	퍼	펴	포	표	푸	퓨	프	피
ㅎ	하	햐	허	혀	호	효	후	휴	흐	히

第4日

基本と日常用語のハングルが読めるようになる！

Q. ハングルを読んでみましょう！

縦にも横にもスラスラ読めるように練習してみましょう。

	a ㅏ	ja ㅑ	ɔ ㅓ	jɔ ㅕ	o ㅗ	jo ㅛ	u ㅜ	ju ㅠ	ɯ ㅡ	i ㅣ
ㄱ	가	갸	거	겨	고	교	구	규	그	기
ㄴ	나	냐	너	녀	노	뇨	누	뉴	느	니
ㄷ	다	댜	더	뎌	도	됴	두	듀	드	디
ㄹ	라	랴	러	려	로	료	루	류	르	리
ㅁ	마	먀	머	며	모	묘	무	뮤	므	미
ㅂ	바	뱌	버	벼	보	뵤	부	뷰	브	비
ㅅ	사	샤	서	셔	소	쇼	수	슈	스	시

A. チェックしてみましょう！

	a	ja	ɔ	jɔ	o	jo	u	ju	ɯ	i
	ㅏ	ㅑ	ㅓ	ㅕ	ㅗ	ㅛ	ㅜ	ㅠ	ㅡ	ㅣ
ㄱ	カ 가	キャ 야	コ 거	キョ 겨	コ 고	キョ 교	ク 구	キュ 규	ク 그	キ 기
ㄴ	ナ 나	ニャ 냐	ノ 너	ニョ 녀	ノ 노	ニョ 뇨	ヌ 누	ニュ 뉴	ヌ 느	ニ 니
ㄷ	タ 다	ティャ 댜	ト 더	ティョ 뎌	ト 도	ティョ 됴	トゥ 두	テュ 듀	トゥ 드	テイ 디
ㄹ	ラ 라	リャ 랴	ロ 러	リョ 려	ロ 로	リョ 료	ル 루	リュ 류	ル 르	リ 리
ㅁ	マ 마	ミャ 먀	モ 머	ミョ 며	モ 모	ミョ 묘	ム 무	ミュ 뮤	ム 므	ミ 미
ㅂ	パ 바	ピャ 뱌	ポ 버	ピョ 벼	ポ 보	ピョ 뵤	プ 부	ピュ 뷰	プ 브	ピ 비
ㅅ	サ 사	シャ 샤	ソ 서	ショ 셔	ソ 소	ショ 쇼	ス 수	シュ 슈	ス 스	シ 시

四日目

Q. ハングルを読んでみましょう！

縦にも横にもスラスラ読めるように練習してみましょう。

	a ㅏ	ja ㅑ	ɔ ㅓ	jɔ ㅕ	o ㅗ	jo ㅛ	u ㅜ	ju ㅠ	ɯ ㅡ	i ㅣ
ㅇ	아	야	어	여	오	요	우	유	으	이
ㅈ	자	쟈	저	져	조	죠	주	쥬	즈	지
ㅊ	차	챠	처	쳐	초	쵸	추	츄	츠	치
ㅋ	카	캬	커	켜	코	쿄	쿠	큐	크	키
ㅌ	타	탸	터	텨	토	툐	투	튜	트	티
ㅍ	파	퍄	퍼	펴	포	표	푸	퓨	프	피
ㅎ	하	햐	허	혀	호	효	후	휴	흐	히

A. チェックしてみましょう！

	a	ja	ɔ	cɔ	o	jo	u	ju	ɯ	i
	ㅏ	ㅑ	ㅓ	ㅕ	ㅗ	ㅛ	ㅜ	ㅠ	ㅡ	ㅣ
	ア	ヤ	オ	ヨ	オ	ヨ	ウ	ユ	ウ	イ
ㅇ	아	야	어	여	오	요	우	유	으	이
	チャ	チャ	チョ	チョ	チョ	チョ	チュ	チュ	チュ	チ
ㅈ	자	쟈	저	져	조	죠	주	쥬	즈	지
	チャ	チャ	チョ	チョ	チョ	チョ	チュ	チュ	チュ	チ
ㅊ	차	챠	처	쳐	초	쵸	추	츄	츠	치
	カ	キャ	コ	キョ	コ	キョ	ク	キュ	ク	キ
ㅋ	카	캬	커	켜	코	쿄	쿠	큐	크	키
	タ	ティャ	ト	ティヨ	ト	ティヨ	トゥ	テイユ	トゥ	テイ
ㅌ	타	탸	터	텨	토	툐	투	튜	트	티
	パ	ピャ	ポ	ピョ	ポ	ピョ	プ	ピュ	プ	ピ
ㅍ	파	퍄	퍼	펴	포	표	푸	퓨	프	피
	ハ	ヒャ	ホ	ヒョ	ホ	ヒョ	フ	ヒュ	フ	ヒ
ㅎ	하	햐	허	혀	호	효	후	휴	흐	히

四日目

●パッチムのまとめ

パッチムの発音をまとめてスッキリ覚える

> このポイントをきちんと！

◆パッチムに使われる子音の種類と発音のポイント

　パッチムとして19個の子音のほとんどが使われますが、ただ濃音（ㄸ / ㅃ / ㅉ）の3個は使われません。
　子音はそれぞれの音を持っていますが、パッチムとして使われるときには、次のように7つの音にまとめられます。

◆パッチムの発音は7つの音にまとめられる

1. ［ク］　　ㄱ ㅋ ㄲ ㄳ ㄺ
2. ［トゥ］　ㄷ ㅌ ㅅ ㅆ ㅈ ㅊ ㅎ
3. ［プ］　　ㅂ ㅍ ㄿ ㅄ
4. ［ン］　　ㄴ ㄵ ㄶ
5. ［ム］　　ㅁ ㄻ
6. ［ング］　ㅇ
7. ［ル］　　ㄹ ㄽ ㄾ ㅀ ㄽ

90

・・・図説ハングル早わかり・・・

◆パッチムを例文でチェックしましょう！

「ほかの色はありませんか」は次のように書きます。
◯で囲んだものがパッチムです。

　　タルン　　　セッカルン　　　オプスムニカ
다른 색깔은 없습니까？

◆パッチムが2つあるもの（二重パッチム）

（異なる2つの子音字からできているパッチム）

　上の例文の **없** には、子音を2つ重ねたパッチムがありますね。これを二重パッチムと言います。

　二重パッチムは文字によって読み方は決まっていますが，左側の子音字を読むことが多いのが特徴です。赤字が左側を読むもの、黒字が右側を読むものです。

ㄳ / ㄵ / ㄶ / ㄺ / ㄻ / ㄼ /
ㄽ / ㄾ / ㄿ / ㅀ / ㅄ

例：**닭** [タク] 鶏

●ハングルの文字に慣れましょう！

日本語の読み方にそっくりの漢字言葉を読んでみましょう！

このポイントをきちんと！

◆漢字がもとになった言葉で

　日本と韓国は同じ中国の漢字文化圏ですから，漢字が無数に取り入れられおり、現代の韓国語の単語の70％以上が漢字言葉と言われているほどです。日本語の漢字と韓国語の漢字語の発音は，よく似たものが多くあります。

◆日本語の読み方にそっくりの漢字のハングル読み

　韓国語のなかには漢字の言葉がたくさんあるということは、日本人が韓国語を学ぶ上の大きなメリットですね。

　韓国語は日本語とは異なり、漢字1字に対する読み方は1つだけが基本ですから、応用することにより熟語がドンドン読めるようになります。

　右頁の実例でそのコツを覚えましょう。

・・・図説ハングル早わかり・・・

◆韓国では、漢字の読みは一つが基本

実際の例で確かめてみましょう。　　　　　　［チュ］

注意
주의
チュ ウイ

注文
주문
チュ ムン

道標
도표
ト ピョ

標示
표시
ピョ シ

無理
무리
ム リ

無料
무료
ム リョ

道路
도로
ト ロ

歩道
보도
ポ ド

ㄷが母音のㅗとㅗにはさまれているので、도は［ド］の発音になります。

社長
사장
サ ジャン

会社員
회사원
フェ サ ウォン

■練習問題にトライ！

《ヒント》
漢字語のハングルは
日本語の読み方にそっくりです！

Q. ハングルを読んでみましょう！

시착　　　안심

시민　　　신문

간판　　　산스

지도　　　감독

기차　　　부부

> 漢字1文字は1文字で書き表せるのがハングル。

A. チェックしてみましょう！

試着	安心
시착	안심
シチャク	アンシム

市民	新聞
시민	신문
シミン	シンムン

看板	算数
간판	산스
カンパン	サンス

地図	監督
지도	감독
チド	カムドク

汽車	夫婦
기차	부부
キチャ	プブ

金額、年月、長さ、時間の分・秒、重さなどに使う。

[漢数詞] を読む

Q. ハングルを読んでみましょう！

일　　　　칠

이　　　　팔

삼　　　　구

사　　　　십

오　　　　십일

육　　　　십이

A. チェックしてみましょう！

日本語の「いち、に、さん…」

1 일 イル	7 칠 チル
2 이 イ	8 팔 パル
3 삼 サム	9 구 ク
4 사 サ	10 십 シプ
5 오 オ	11 십일 シビル
6 육 ユク	12 십이 シビ

[固有数詞]を読む

数を数えるときに使う（単独では「1つ」「2つ」「3つ」…、後ろに単位をつける場合もある。

Q. ハングルを読んでみましょう！

하나

둘

셋

넷

다섯

여섯

일곱

여덟

아홉

열

열하나

열둘

日本語の「ひとつ、ふたつ、みっつ…」

A. チェックしてみましょう！

一つ **하나** ハナ — 後ろに単位がつくと **한**〈ハン〉に。	七つ **일곱** イルゴプ
二つ **둘** トゥル — 後ろに単位がつくと **두**〈トゥ〉に。	八つ **여덟** ヨドル (ㅂは発音しません。)
三つ **셋** セッ — 後ろに単位がつくと **세**〈セ〉に。	九つ **아홉** アホプ
四つ **넷** ネッ — 後ろに単位がつくと **네**〈ネ〉に。	十 **열** ヨル
五つ **다섯** タソッ — 五つ以降は単位がついても変わらない。	十一 **열하나** ヨラナ — 後ろに単位がつくと **열 한**〈ヨラン〉に。
六つ **여섯** ヨソッ	十二 **열둘** ヨルドゥル — 後ろに単位がつくと **열두**〈ヨルドゥ〉に。

二日目　四日目　五日目

[月]を読む

Q. ハングルを読んでみましょう！

일월	칠월
이월	팔월
삼월	구월
사월	시월
오월	십일월
유월	십이월

A. チェックしてみましょう！

1月 일월 イルオル — これだけだと［ウォル］の発音	**7月** 칠월 チルオル
2月 이월 イウォル	**8月** 팔월 パルオル
3月 삼월 サムオル	**9月** 구월 クウォル
4月 사월 サウォル	**10月** 시월 シウォル — 10は십。この変則的な形に注意。
5月 오월 オウォル	**11月** 십일월 シビィルオル
6月 유월 — 6は육ですね。この変則的な形に注意。 ユウォル	**12月** 십이월 シビィウォル

[曜日][季節]を読む

Q. ハングルを読んでみましょう！

월요일　　　일요일

화요일

[季節]

수요일　　　봄

목요일　　　여름

금요일　　　가을

토요일　　　겨울

A. チェックしてみましょう！

月曜日 월요일 ウォリョイル	日曜日 일요일 イリョイル
火曜日 화요일 ファヨイル	
水曜日 수요일 スヨイル	春 봄 ポム
木曜日 목요일 モギョイル	夏 여름 ヨルム
金曜日 금요일 クミョイル	秋 가을 カウル
土曜日 토요일 トヨイル	冬 겨울 キョウル

「冬のソナタ」の「冬」。

● ハングルが読める！

日付けや時刻などの数字を
読んでみましょう！

Q. ハングルを読んでみましょう！

1998年4月25日
천구백구십팔년 사월 이십오일

2012年3月20日
이천십이년 삼월 이십일

午前9時37分
오전 아홉시 삼십칠분

午後2時50分
오후 두시 오십분

100	1000	10000
백	천	만

固有数詞を使う。p.98　　漢数詞を使う。p.96

時刻	時	分
	☐ 시 [シ]	☐ 분 [プン]

日付	年	月	日
	☐ 년 [ニョン]	☐ 월 [ウォル]	☐ 일 [イル]

A. チェックしてみましょう！

1998年4月25日
천구백구십팔년 사월 이십오일
チョングペックシップパルニョン サウォル　イシボイル

2012年3月20日
이천십이년 삼월 이십일
イチョンシビニョン　　サムオル　　イシビル

午前9時37分
오전 아홉시 삼십칠분
オジョン　アホプシ　　サムシプチルプン

午後2時50分
오후 두시 오십분
オフ　　トゥシ　　オシップン

100	1000	10000
백	천	만
[ペク]	[チョン]	[マン]

◆ハングルの発音のルール

音の変化・ハングルを読む上でのルール

> キムチー

このポイントをきちんと！

◆スムースに発音するために

　パッチムは次の音が母音で始まっている時は、それと結びついて発音します。そのほうがスムースな発音になります。ただ、ゆっくりと文字通りに読んでも、相手には通じますから、臆せずにドンドン発音してみましょう。

◆「ウムアㇰ」が「ウマㇰ」に！

　音楽を韓国語では「ウマㇰ」と言います。そして、次のようにハングルで書きます。

　文字のまま読むと「ウム アㇰ」ですが、下のようにmとaが結びついてmaと発音されるために「ウマㇰ」となりますね。

음악　　「ウム アㇰ」→「ウマㇰ」

a（母音で始まっている）
m（パッチム）

106

・・・図説ハングル早わかり・・・

◆パッチムの後続の母音はパッチムと一緒に発音する

십일　　　　　（11）
シビル

일본은　　　　（日本は）
イルボヌン

맛있어요．　　（おいしいですね）
マシッソヨ

은행　　　　　（銀行）
ウネン

친절하네요．　（親切ですね）
チンジョラネヨ

「冬のソナタ」とその俳優の名前を読んでみましょう！

A. 11頁 Q. の解答

【1】の 겨울연가 は韓国の人気ドラマ「冬のソナタ」の原題です。なお、「キョウル」は「冬」で、「ヨンガ」は「恋歌」という意味です。

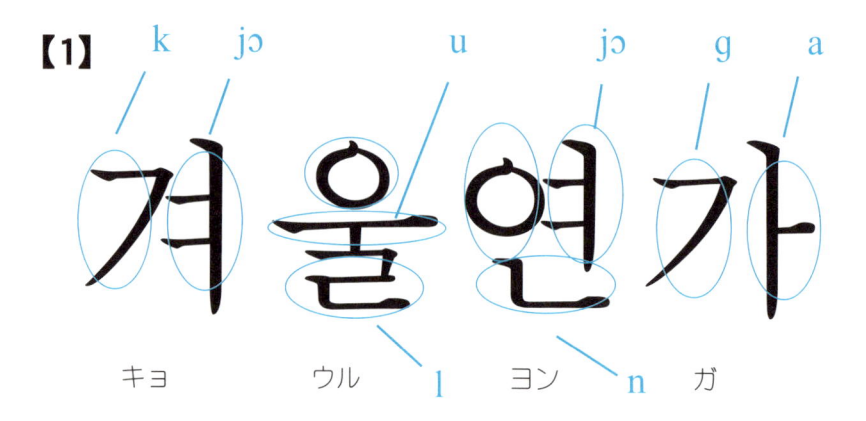

【1】

k jɔ　　u　　jɔ g a

겨 울 연 가

キョ　ウル　l　ヨン　n　ガ

ちなみに「冬の恋歌」を1字1句きちんとハングルに置き換えると 겨울의 연가 になりますが「の」の意味の「의［エ］（助詞の「の」は［イェ］と発音しない）」は韓国語では省略されることが多い傾向にあります。なお、「ソナタ」をハングルで書くと次のようになります。

소나따

【2】 배용준

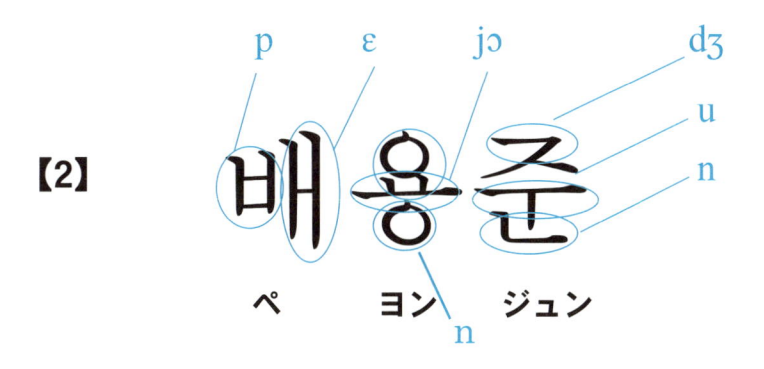

p ɛ jɔ dʒ u n
ペ ヨン ジュン
n

【3】 박용하

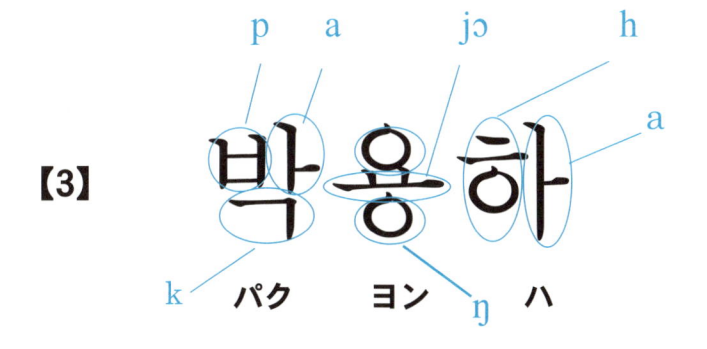

p a jɔ h a
k パク ヨン ŋ ハ

【4】 최지우

tʃʰ we dʒ i u
チェ ジ ウ

◆ あなたの星座のハングルが読めますか？

- **牡羊座**（3月21日〜4月20日）
  - **양**자리 　　　　　　　　　（ヤンジャリ）
- **牡牛座**（4月21日〜5月21日）
  - **황소**자리 　　　　　　　　（ファンソジャリ）
- **双子座**（5月22日〜6月21日）
  - **쌍둥이**자리 　　　　　　　（サントゥイジャリ）
- **蟹座**（6月22日〜7月22日）
  - **게**자리 　　　　　　　　　（ケジャリ）
- **獅子座**（7月23日〜8月22日）
  - **사자**자리 　　　　　　　　（サザジャリ）
- **乙女座**（8月23日〜9月23日）
  - **처녀**자리 　　　　　　　　（チョニョジャリ）
- **天秤座**（9月24日〜10月23日）
  - **천칭**자리 　　　　　　　　（チョンチンジャリ）
- **蠍座**（10月24日〜11月22日）
  - **전갈**자리 　　　　　　　　（ジョンカルジャリ）
- **射手座**（11月23日〜12月21日）
  - **사수**자리 　　　　　　　　（サスジャリ）
- **山羊座**（12月22日〜1月20日）
  - **염소**자리 　　　　　　　　（ヨンソジャリ）
- **水瓶座**（1月21日〜2月18日）
  - **물병**자리 　　　　　　　　（ムルビョンジャリ）
- **魚座**（2月19日〜3月20日）
  - **물고기**자리 　　　　　　　（ムルコギジャリ）

第5日

看板やメニューなどの
ハングルを
どんどん読んでみる！

●ハングルが読める！

あなたの干支をハングルで読めますか？

Q. ハングルを読んでみましょう！

ね	うし	とら
쥐	소	범

う	たつ	み
토끼	용	뱀

うま	ひつじ	さる
말	양	원숭이

とり	いぬ	い（ぶた）
닭	개	돼지

◆「干支は何ですか」

무슨 띠에요?

ムスン　ティ エ ヨ

A. チェックしてみましょう！

ね 쥐 [チュイ]	うし 소 [ソ]	とら 범 [ポム]
う 토끼 [トッキ]	たつ 용 [ヨン]	み 뱀 [ペム]
うま 말 [マル]	ひつじ 양 [ヤン]	さる 원숭이 [ウォンスンイ]
とり 닭 [タック]	いぬ 개 [ケ]	い（ぶた） 돼지 [トゥェジ]

ペ ヨンジュン（배 용준）の 용ですね。

このパッチムは読まない。

113

●ハングルが読める！

韓国料理の「メニュー」を読んでみましょう！

Q. ハングルを読んでみましょう！

불고기	김치찌개
나물	삼계탕
비빔밥	냉면
곰탕	한정식
지짐	순두부찌개

A. チェックしてみましょう！

焼肉
불고기
[プルコギ]

キムチチゲ
김치찌개
[キムチチゲ]

「鍋物」の意味ですね。

ナムル
나물
[ナムル]

参鶏湯
삼계탕
[サムゲタン]

ビビンバ
비빔밥
[ピビムパプ]

「まぜご飯」という意味。

冷麺
냉면
[ネンミョン]

コムタン
곰탕
[コムタン]

牛肉のテールを煮込んだスープ

韓定食
한정식
[ハンジョンシク]

チヂミ
지짐
[チヂム]

とうふチゲ
순두부찌개
[スンドゥブチゲ]

●ハングルが読める！

韓国料理の「材料」などを読んでみましょう！

Q. ハングルを読んでみましょう！

쇠고기	돼지고기
생선	국
밥	마늘
반찬	소금
떡	고추장

A. チェックしてみましょう！

| 牛肉 쇠고기 [スェコギ] | 豚肉 돼지고기 [トゥエジコギ] |

| 鮮魚 생선 [センソン] | 汁もの 국 [クック] |

| ごはん 밥 [パプ] | ニンニク 마늘 [マヌル] |

| おかず 반찬 [パンチャン] | 塩 소금 [ソグム] |

| もち 떡 [トク] | 唐辛子みそ 고추장 [コチュジャン] |

●ハングルが読める！

飲み物などのハングルを
読んでみましょう！

Q. ハングルを読んでみましょう！

술	물
맥주	차
생맥주	커피
소주	정종
막걸리	건배

A. チェックしてみましょう！

酒	水
술	물
[スル]	[ムル]

ビール	お茶
맥주	차
[メクチュ]	[チャ]

生ビール	コーヒー
생맥주	커피
[センメクチュ]	[コピ]

前に ㄱ があるので 쭈 のように発音

焼酎	清酒
소주	정종
[ソジュ]	[チョンジョン]

どぶろく（濁り酒）	乾杯
막걸리	건배
[マッコルリ]	[コンベ]

前に ㄱ があるので 껄 のように発音

●ハングルが読める！

韓国の町中で見かける ハングルを読んでみましょう！【1】

Q. ハングルを読んでみましょう！

커피숍	호텔
식당	병원
술집	서점
시창	은행
선물가게	약방

A. チェックしてみましょう！

喫茶店	ホテル
커피숍	호텔
［コピショプ］	［ホテル］

食堂	病院
식당	병원
［シクタン］	［ピョンウォン］

とてもよく見かけますね。

居酒屋	書店
술집	서점
［スルチプ］	［ソジョム］

市場	銀行
시창	은행
［シジャン］	［ウネン］

おみやげ品店	薬局
선물가게	약방
［ソンムルカゲ］	［ヤッパン］

五日目

●ハングルが読める！

韓国の町中で見かけるハングルを読んでみましょう！【2】

Q. ハングルを読んでみましょう！

안내소	택시
우체국	기차
영화관	버스
비행기	지하철
화장실	공항

A. チェックしてみましょう！

案内所	タクシー
안내소 [アンネソ]	택시 [テクシ]
郵便局 우체국 [ウチェグク]	汽車 기차 [キチャ]
映画館 영화관 [ヨンファグァン]	バス 버스 [ポス]
飛行機 비행기 [ピヘンギ]	地下鉄 지하철 [チハチョル]
トイレ 화장실 [ファジャンシル]	空港 공항 [コンハン]

必ず読めるようにしておきましょう。

五日目

● ハングルが読める！

韓国の地名をハングルで読んでみましょう！

Q. ハングルを読んでみましょう！

서울	강능
부산	전주
경주	인천
제주도	청주
부여	설악산

A. チェックしてみましょう！

ソウル
서울
ソウル

江稜
강능
カンヌン

プサン
부산
プサン

全州
전주
チョンジュ

慶州
경주
キョンジュ

州は주[ジュ]だとわかりますね。

仁川
인천
インチョン

済州島
제주도
チェジュド

ㅊは息を吐き出すように激しく発音。

清州
청주
チョンジュ

扶余
부여
プヨ

雪岳山
설악산
ソラクサン

五日目

●ハングルが読める！

短いハングルの文を
スラスラ読んでみましょう！

Q. ハングルを読んでみましょう！

난 서예나 꽃꽂이를 좋아해요.

아직 기회는 있어요.

지금 한국말 공부하는 중이에요.

전화 카드는 어디에서 팝니까?

만날 수 있어서 기뻤어요.

A. チェックしてみましょう！

私は　書道や　　生け花が　　　好きです。
난 서예나 꽃꽂이를 좋아해요.
ナン　ソイェナ　　コッコジルル　　チョアヘヨ

まだ　チャンスは　　あるよ。
아직 기회는 있어요.
アジク　　キフェヌン　　イッソヨ

今、　韓国語の　　　勉強中なんですよ。
지금 한국말 공부하는 중이에요.
チグム　ハングンマル　コンブハヌン　ジュンイエヨ

テレフォンカードは　　どこで　売っていますか？
전화 카드는 어디에서 팝니까?
チョナカードゥヌン　　オディエソ　　パムニカ

お会いできて　　うれしかったわ。
만날 수 있어서 기뻤어요.
マンナル　ス　　イッソソ　　キッポソヨ

今日から読める韓国語

2012 年 5 月 20 日　第 1 刷発行
2012 年 6 月 20 日　第 2 刷発行

編　者 ─────MEMO ランダム

発行者 ─────前田俊秀
発行所 ─────株式会社三修社
　　　　　　〒 150-0001　東京都渋谷区神宮前 2-2-22
　　　　　　TEL 03-3405-4511　FAX 03-3405-4522
　　　　　　振替 00190-9-72758
　　　　　　http://www.sanshusha.co.jp/
　　　　　　編集担当　斎藤俊樹

印刷製本 ─────萩原印刷株式会社

©2012 Printed in Japan
ISBN978-4-384-04503-1 C0087

編集協力　　　藤田眞一
カバーデザイン　やぶはなあきお

〈日本複製権センター委託出版物〉
本書を無断で複写複製（コピー）することは，著作権法上の例外を除き，禁じられています。本書をコピーされる場合は，事前に日本複製権センター（JRRC）の許諾を受けてください。
JRRC〈http://www.jrrc.or.jp　email:info@jrrc.or.jp　Tel:03-3401-2382〉

本書は『今日から読めるハングル』（2004 年刊行）を改題・新装したものである。